# UMA BOA NOITE DE SONO

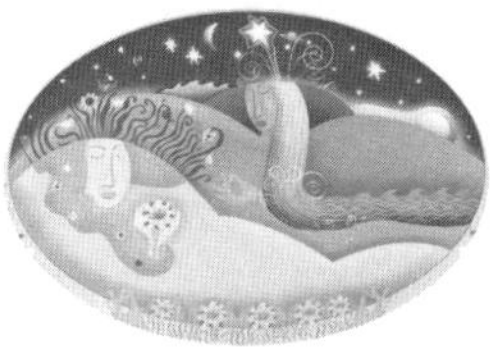

Dr. Deepak Chopra

# UMA BOA NOITE DE SONO

SEXTANTE

Título original: *The Good Night Sleep Kit – The essential tool kit for restful sleep*

Publicado em acordo com a Hay House, Inc., Califórnia, EUA
(www.hayhouseradio.com)

tradução: Márcia Cláudia Alves

preparo de originais: Regina da Veiga Pereira

revisão: José Tedin Pinto, Sérgio Bellinello Soares e Tereza da Rocha

projeto gráfico e diagramação: Valéria Teixeira

produção do CD: Carlos Irineu da Costa

locução do CD: Márcio Seixas

adaptação da capa: Miriam Lerner

fotolitos: RR Donnelley

impressão e acabamento: Gráfica Ave Maria

CIP-BRASIL. CATALOGAÇÃO-NA-FONTE
SINDICATO NACIONAL DOS EDITORES DE LIVROS, RJ

D476b Chopra, Deepak, 1946-
Uma boa noite de sono / Deepak Chopra
[tradução de Márcia Cláudia Alves].
– Rio de Janeiro: Sextante, 2006.

Tradução de: The good night sleep kit: the essential tool kit for restful sleep

ISBN 85-7542-213-8

1. Sono I. Título.

06-0710. CDD 612.821
CDU 612.821.7


Rua Voluntários da Pátria, 45 – Gr. 1.404 – Botafogo
22270-000 – Rio de Janeiro – RJ
Tel.: (21) 2286-9944 – Fax: (21) 2286-9244
E-mail: atendimento@esextante.com.br
www.sextante.com.br

# Sumário

# Introdução

Dormir é parte fundamental da vida. O ser humano dorme normalmente de seis a oito horas por noite, o que perfaz quase 50 horas por semana, mais de 2.600 horas por ano, cerca de 182.000 horas durante a vida de uma pessoa. Significa dizer que, em média, passamos quase 21 anos da nossa vida dormindo. A quantidade de horas de sono e a qualidade do repouso alcançado produzem um efeito direto sobre os nossos níveis de energia e de eficiência durante as horas em que estamos acordados. Na ausência de períodos reparadores do sono, a qualidade dos outros setores de nossa vida – trabalho, relacionamentos e outras atividades – sofre profundamente.

Calcula-se que 60% dos americanos padecem de problemas relacionados ao sono. É difícil avaliar a tensão que isso acarreta em todos os outros aspectos da vida, mas qualquer pessoa que tem o sono agitado sabe bem do que estou falando.

Nossa sociedade já propôs todos os tipos de soluções para distúrbios do sono. Ao longo dos séculos, técnicas incontáveis, várias beberagens e numerosos medicamentos foram usados na esperança de ajudar as pessoas a dormirem melhor. Mas raramente considerou-se o sono como algo relacionado ao corpo, à mente, à alma das pessoas e ao ambiente em que vivem. Como já disse, a qualidade do sono afeta muitas áreas da vida das pessoas. Mas também é afetada pelo nível de estresse das horas de vigília.

Resumindo: se quisermos desfrutar ao máximo o grau de repouso durante o período em que dormimos, precisamos considerar o sono como uma função ligada ao ser humano inteiro e ao seu contexto. Precisamos entender que o máximo de repouso depende da sincronia que mantêm entre si corpo, mente, alma e ambiente.

*Uma boa noite de sono* oferece um método simples, embora de amplo alcance, para que você adote princípios, conselhos e ferramentas que lhe assegurem o melhor sono possível. Neste livro o leitor encontrará uma série de sugestões baseadas na experiência que desenvolvi ao longo dos anos e que foram de grande valia para os numerosos visitantes do Centro de Bem-Estar Chopra que sofriam de vários distúrbios do sono. Há também um teste para determinar qual é seu tipo de corpo, além de um CD de meditação. São todos instrumentos cuidadosamente selecionados para ajudar você a ter um sono mais satisfatório e a atingir um nível elevado de rejuvenescimento.

É importante observar que talvez o *conselho mais importante* com respeito à melhora da qualidade do sono e do repouso seja: leia com tranqüilidade o que está escrito aqui. Folheie este livro quantas vezes forem necessárias para que o sono se torne uma parte natural do ritmo de sua vida.

PARTE I

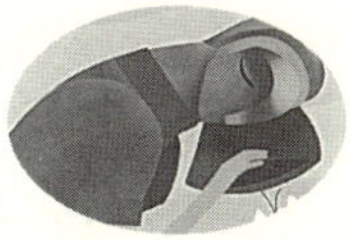

# Princípios básicos

Vamos passar em revista alguns princípios básicos que serão tratados neste livro:

- O bom sono deve estar não só em harmonia com o seu cotidiano, mas também com o universo. Quando seus ritmos fisiológicos e biológicos se sintonizam com os ritmos da natureza – o movimento da Terra, do Sol, da Lua e das estrelas, o ciclo das estações do ano e o vaivém das marés –, o sono vem naturalmente, sem maior esforço. O sono que chega dessa maneira gera um estado interno de felicidade que beneficia a saúde e rejuvenesce.

- Nosso corpo é a melhor farmácia do mundo. Ele produz substâncias curativas naturais que nos protegem de várias doenças. Esta farmácia é fortalecida quando o corpo está em equilíbrio. Exercícios físicos, sono, alimentação apropriada e manutenção dos ritmos biológicos estão todos interconectados e são interdependentes.

- Um dos segredos mais importantes para um sono tranqüilo e rejuvenescedor é a qualidade de suas experiências durante o dia. Quando você vive plena e serenamente cada momento e usufrui as coisas boas que o mundo lhe oferece, você não acumula estresse. Isto significa que a dinâmica da atividade diária beneficia diretamente a qualidade do sono.

- O estresse é a causa mais freqüente dos distúrbios do sono. Quando a pessoa sente que está sofrendo ameaças físicas ou psicológicas, ou acha que suas necessidades não estão sendo atendidas, as reações do estresse são ativadas: a pressão arterial sobe, o coração bate mais depressa, as plaquetas sanguíneas ficam mais pegajosas e as glândulas supra-renais secretam hormônios do estresse. Com o passar do tempo, essas alterações, além de causar perturbação no sono, podem acarretar hipertensão crônica, problemas cardíacos e baixo nível imunológico.

- Para dormir bem é preciso desenvolver atividades dinâmicas durante o dia. E para ser capaz de desenvolver atividades dinâmicas durante o dia é necessário que o sono seja profundo e tranqüilo à noite. Estes dois "segredos" andam de mãos dadas. Quando o equilíbrio é alcançado, dorme-se bem e com facilidade.

- Uma das verdades mais importantes sobre o sono é a seguinte: você não consegue se forçar a dormir. Somos capazes de fazer com que nosso corpo corra, se exercite, leia ou execute qualquer outra atividade controlada pela vontade. Mas você não pode ordenar que seu corpo durma, é impossível obrigá-lo a dormir. Dormir é um processo natural e "forçar-se a dormir" não traz nenhum resultado positivo. Na realidade, pode até agravar a insônia, porque, quanto mais se tenta, menos se consegue, aumentando a frustração.

Uma boa noite de sono está
totalmente associada ao equilíbrio
entre mente, corpo e espírito.

## PARTE II

# Atitude

A melhor atitude a ser adotada quando se deita na cama é "não se preocupar". Sei que nem sempre isso é fácil, sobretudo se você sofre de insônia, mas procure assumir uma atitude relaxada. Não fique se vigiando nem faça comentários irritados ou melancólicos sobre a falta de sono. E, sobretudo, pare de olhar o relógio.

Em vez disso, deite-se confortavelmente e entregue-se nas mãos da natureza. Simplesmente deite-se na cama de olhos fechados, sem se importar se está ou não acordado. O mero ato de permanecer imóvel e de olhos fechados – mesmo se estiver se sentindo ansioso e agitado – já proporciona significativos benefícios para o seu corpo.

Relaxe, deixe o corpo pesar sobre o colchão. Repita para si mesmo que está conseguindo descansar bastante, apenas por ficar deitado tranqüilo e quieto, com os olhos fechados. Esta atitude ajudará o corpo a entrar em estado de sono espontaneamente. Quanto mais você for adepto da atitude de não se preocupar e quanto mais tomar consciência do seu corpo e conseguir relaxá-lo, melhor dormirá.

Mesmo que você não esteja dormindo, o corpo
está obtendo o descanso de que precisa.

Porém, se ainda assim você achar que está tendo muitos pensamentos ansiosos e inquietantes que impedem o sono, pratique a tomada de consciência do corpo. Vou explicar do que se trata. A turbulência da mente gera uma turbulência correspondente no corpo. Isto significa que nossas emoções produzem sensações em nosso corpo.

Quando, em vez de concentrar-se nos pensamentos perturbadores, você examina seu corpo para verificar as sensações físicas que esses pensamentos produzem – contração, enrijecimento, aperto no peito –, a força da emoção diminui, porque você desconecta o pensamento da sensação. Examine seu corpo inteiro, pedaço por pedaço, vagarosa e atentamente, procurando identificar e desmanchar as sensações. Se um pensamento perturbador vier desviar sua atenção, volte a concentrar-se no seu corpo. Esta prática contribuirá para reforçar sua atitude de despreocupação, favorecendo a chegada do sono.

Não se force a adormecer. Não fique
se controlando ou fazendo comentários
sobre a dificuldade para dormir.
E pare de olhar o relógio!

PARTE III

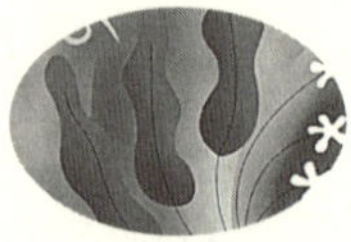

# Os ritmos da natureza

Os ritmos da natureza são chamados de *ritmos circadianos.* Eles se referem aos movimentos naturais da Terra, do Sol, da Lua e das estrelas, ao ciclo das estações e ao vaivém das marés oceânicas. Esses movimentos são perfeitos graças à suprema inteligência da natureza – a mesma inteligência que dá origem ao nosso corpo, organiza a fisiologia e a biologia humanas, estimula o crescimento e a maturidade e metaboliza nossas emoções e sentimentos. Quando o sono faz parte da rotina diária normal e constante, ele se alinha com os ritmos da natureza. Quando o sono é irregular, ele fica fora do alinhamento com esses ritmos e, conseqüentemente, o corpo não alcança o máximo de repouso.

Manter o corpo em sincronia com os ritmos<br>da natureza é imprescindível para se ter<br>uma boa noite de sono.

O corpo reconhece os ritmos circadianos da natureza de uma forma bastante óbvia: o dia é para a atividade, a noite, para o repouso. Quando você se alinha com esses ritmos, criando uma rotina para dormir, facilita a conexão do seu corpo com os ritmos da natureza e permite que ele alcance um estado de profundo repouso. Vamos examinar quais são as técnicas necessárias para obter esse alinhamento e garantir uma boa noite de sono. Voltaremos a falar delas com mais detalhes.

Comece alinhando sua mente e seu corpo com os ritmos da natureza. Planeje uma hora regular para ir para a cama e também um horário constante para acordar. Procure manter esses horários de forma a dormir um mínimo de seis horas. Se possível, programe também um horário regular de descanso durante o dia. A pausa para esse cochilo não deve ir além de meia hora nem ser interrompida por qualquer solicitação que atrapalhe o descanso.

Quando fizer o teste do tipo de corpo que encontrará na Parte V deste livro, identifique qual é o seu e comece a entender suas características específicas. A partir daí, inicie uma dieta que lhe dê mais energia, melhore seu processo digestivo e ajude a levar seu corpo a estágios de tranqüilidade à medida que for se aproximando a hora de dormir. Faça também exercícios físicos para proporcionar a seu corpo um estado sereno que induza ao sono.

E, finalmente, procure eliminar as toxinas de sua vida: as alimentares (comidas incompatíveis com seu tipo de corpo) e as emocionais (ambientes negativos e relacionamentos que provoquem estresse). Essas toxinas drenam a energia do corpo, desviando-o do caminho de sua realização pessoal.

Eliminar as toxinas do corpo e da mente
é um dos mais importantes recursos
para dormir melhor.

Começar a integrar esses princípios à sua vida é uma medida poderosa, tanto para alinhar o corpo, a mente e a alma com os ritmos circadianos da natureza como para levar você a equilibrar energia e repouso da melhor maneira possível.

Acho importante fazer desde já uma advertência sobre os comprimidos para dormir e outros medicamentos indutores do sono. Esses remédios não resolvem nem diminuem os problemas do sono. Na sua grande maioria, essas substâncias não só criam dependência como produzem efeitos colaterais seriíssimos. Tente também evitar estimulantes como a cafeína, a nicotina e bebidas alcoólicas.

PARTE IV

# Estabelecer uma rotina

Para restabelecer e manter o ritmo biológico é essencial uma rotina diária que inclua horários regulares para dormir e acordar, horário destinado ao descanso ou cochilo, meditação e exercícios físicos. Vamos então examinar detalhadamente como você pode criar uma rotina para permitir que o corpo desfrute de um sono melhor.

## *Hora de dormir e hora de acordar*

Estabelecer um horário regular para dormir e para acordar é o primeiro passo para implantar uma rotina que resultará num sono reparador. O corpo reconhece a existência de um período regular de descanso e de vigília.

No passado, a hora do pôr-do-sol era considerada a ideal para dormir, e o amanhecer, a melhor hora para acordar. Como esses horários não nos servem mais, sugiro agora a meus pacientes que durmam o mais próximo das 22 horas e acordem por volta das 6 horas. Esses horários ficam mais de acordo com o que nossa cultura estipulou para o trabalho e o repouso. A maioria dos empregados de horário integral trabalha, normalmente, das 9 às 17 horas.

Os horários restantes – das 6 às 9 horas e das 17 às 22 horas – dão tempo suficiente para realizar outras atividades necessárias. Esses horários intermediários também devem ser usados para treinar técnicas que permitirão maior descanso durante o sono.

Ao estabelecer um horário regular para dormir e acordar, você estará criando condições para ter um sono constante e reparador.

No começo, você pode usar um despertador para criar o hábito de acordar em um determinado horário. Com o tempo, você despertará nesse horário naturalmente. Quando isso passar a acontecer, elimine o despertador e quaisquer outros recursos que criem um ambiente artificial, como cortinas pesadas que escurecem o quarto, fazendo prolongar o sono, ou, ao contrário, luzes fortes que fazem com que desperte antes da hora. Se você deixar que o corpo entre em sincronia com a sabedoria da natureza, ele vai se ajustar aos ritmos circadianos e se harmonizar com eles.

É claro que pode ser necessário ajustar os horários em função das circunstâncias de trabalho ou de relacionamentos. Mas é de suma importância que se mantenha uma regularidade na hora de dormir e de acordar. E também é importante saber que as tentativas para estender esses horários – algumas horas extras para estudar ou trabalhar à noite, ou ser despertado mais cedo com a mesma finalidade – muitas vezes provocam efeito contrário. Quando o corpo não consegue o máximo do descanso de que necessita, o tempo que passamos acordados fica prejudicado e é pouco produtivo.

Os horários podem variar de pessoa para pessoa, dependendo das características de cada tipo de corpo, do estado mental e das condições de vida.

### *Descanso ou soneca durante o dia*

Quando somos crianças, períodos regulares de descanso durante o dia são absolutamente necessários para restaurar as forças, com efeito direto no desenvolvimento físico, mental e emocional. Por este motivo, a rotina dos jardins-de-infância inclui um período regular e constante para as crianças tirarem uma soneca. No entanto, à medida que nos aproximamos da adolescência, a maioria abandona esse hábito. As desculpas mais comuns são: "Não tenho tempo para descansar" e "Sou muito ocupado".

Insisto mais uma vez que essa "falta de tempo" para descansar gera uma perda para a maioria das pessoas, pois é difícil fazer as coisas direito quando não estamos com toda a nossa energia. Uma pessoa descansada e atenta consegue produzir muito mais e num ritmo melhor.

Arranje 30 minutos por dia para tirar um cochilo. Pode ser um recurso eficaz para repor as energias e manter o sono noturno regular e proveitoso.

Tendo isso em mente, encontre um tempinho, preferivelmente todas as tardes, para tirar um cochilo. Cuide para que esse período de descanso não ultrapasse 30 minutos. Não deixe que ele seja interrompido por telefonemas, e-mails e coisas do gênero. Reserve esse tempo e valorize-o como o período que vai revigorar seu corpo e restaurar suas forças antes de assumir compromissos importantes. A cultura contemporânea vem rotulando esse cochilo de "a soneca dos poderosos". Entre os que ficaram conhecidos por tirar essa "soneca" estão diretores-executivos (antes de importantes reuniões de diretoria), generais (antes de batalhas) e famosos zagueiros (antes de partidas decisivas). Os cochilos oferecem resultados impressionantes, não só proporcionando uma energia revigorante, mas também colaborando para estabelecer uma rotina que alinha o corpo com os ritmos circadianos da natureza.

### *Meditação*

Reconhece-se hoje que a meditação é uma técnica eficaz para reduzir a tensão, aumentar a criatividade e trazer uma profunda sensação de paz para os que a praticam. Também pode ser usada como um recurso para equilibrar o corpo entre os períodos de repouso (sono) e de vigília. A meditação tem, de fato, o poder de intensificar o estado de alerta e de aprofundar o descanso.

A meditação é um recurso bastante eficaz para
liberar as toxinas emocionais de seu corpo.
Medite durante 15 minutos, duas vezes ao dia.

Mas o que é a meditação? Primeiro, não é um substituto para o sono. É uma técnica que leva o corpo a um estado de alerta tranqüilo. Isto significa que, ao invés de fechar seus sentidos para o mundo exterior, a meditação faz o oposto. Ela torna todas as experiências e os sentidos – visão, audição, paladar, tato e olfato – mais aguçados, tanto durante quanto depois do processo. É também um recurso muito eficiente para liberar as toxinas do corpo. Em termos gerais, a prática da meditação permite que o corpo tire o melhor proveito possível do descanso que obtém com o sono.

A meditação deve ser ensinada por um profissional. No entanto, há muitas técnicas já experimentadas e aprovadas que produzem efeitos semelhantes. Em nosso centro de cura – o Centro de Bem-Estar Chopra – ensinamos um tipo básico de meditação chamado "meditação do som primordial". Farei aqui um breve resumo e darei uma explicação sobre a meditação focada na respiração, mas os que realmente desejam integrar a meditação à sua rotina devem buscar informações mais detalhadas a respeito.

*Sente-se numa posição confortável e feche os olhos. Respire normalmente e concentre sua atenção o máximo que puder na respiração. Se outro pensamento, emoção ou qualquer outra coisa interferir na sua concentração, não se importe, pois isso é natural. Afaste suavemente o pensamento e volte a concentrar-se na respiração.*

*Sinta o ar passando por suas narinas e entrando profundamente nos pulmões. Em seguida, observe o ar deixando os pulmões e saindo pelas narinas. Não tente controlar a respiração, observe-a somente. Durante todo o processo, não faça nenhum esforço.*

*Mantenha esse procedimento por uns cinco minutos, no mínimo. Quando for se acostumando a se concentrar na respiração, notará que, à medida que reduz o ritmo da respiração, seu corpo e sua mente vão também relaxando. Neste processo, quando a mente e o corpo ficam relaxados e à vontade, o corpo está mais preparado para o sono. Procure praticar a meditação com foco na respiração pelo menos duas vezes por dia, uma pela manhã, outra à tarde.*

O mantra que se segue vem sendo utilizado há milhares de anos para induzir ao sono: "Om Agasthi Shahina". É muito bom repetir este mantra em silêncio, de olhos fechados. Ele produz uma vibração em seu sistema nervoso que ajuda a adormecer.

Você pode meditar ouvindo o CD que acompanha este livro.

Quando a respiração fica mais lenta,
o corpo relaxa e a mente se acalma.

## *Exercícios físicos*

A verdadeira causa dos distúrbios do sono está relacionada ao que acontece durante o dia. A atividade e o repouso andam de mãos dadas. As insatisfações do dia geram problemas à noite. Portanto, é preciso prestar atenção ao que acontece durante o período de atividade. A solução para a maioria dos problemas de sono está exatamente em fazer com que o período de atividade seja bastante dinâmico e satisfatório. Em outras palavras, quando você estiver acordado, é preciso que esteja *completamente desperto.* Quando aprender a viver com boa disposição e dinamismo durante o dia, o sono tranqüilo virá naturalmente e sem grande esforço.

Um elemento essencial para melhorar a vitalidade é aumentar a atividade física do corpo por meio de exercícios praticados com regularidade. A atividade vigorosa permite que o corpo transpire, eliminando as toxinas prejudiciais e queimando o excesso de energia. Mas, se praticados em excesso, os exercícios podem provocar efeito inverso, porque perturbam as funções internas do corpo, prejudicando o descanso. Por isso, é preciso monitorar o tipo e a quantidade de exercícios físicos, que devem ser adaptados à pessoa, pois cada um de nós tem níveis específicos de tolerância. O objetivo de todos os exercícios deve ser o mesmo: aumentar a vitalidade e a força, e não diminuí-las, levando ao esgotamento físico.

O ideal é aconselhar-se com um profissional em educação física ou um médico, que levarão em conta seu tipo de corpo específico. Para aqueles que sofrem de insônia, a regra básica é "malhar, mas não exagerar". Se você não pratica nenhum exercício físico e está com insônia ou tem o sono agitado, introduza 30 minutos de exercícios em sua rotina diária. Caso já os faça regularmente e esteja sentindo os mesmos problemas, reduza um pouco as atividades físicas. A idéia é encontrar um padrão de atividade física que lhe faça bem.

Caminhe rápido durante 30 minutos,
todos os dias. O horário ideal para
as caminhadas é pela manhã.

Um exercício especialmente eficaz para restaurar o equilíbrio do corpo e da mente é a ioga. Há muitos tipos e muitas posturas de ioga. Repetindo: os exercícios mais apropriados são aqueles orientados por um instrutor qualificado. Os iniciantes precisam ter um cuidado redobrado com determinadas posições da ioga para não se machucarem. Uma seqüência específica, chamada "Saudação ao Sol", deve fazer parte de sua rotina matutina. Esses movimentos tradicionais vêm sendo praticados há milhares de anos para "saudar" o Sol e marcar o começo de um novo dia.

A prática da ioga ajuda a regular as funções internas do corpo e serve para fazer a síntese do corpo com o ambiente externo.

## *Rotinas para antes de dormir*

Crie uma rotina e pratique-a antes de dormir. Essa prática é muito eficaz para garantir que, quando afinal você for para a cama, seu corpo estará totalmente preparado para entrar num período de repouso e relaxamento.

As seguintes rotinas devem ser praticadas:

1. Prepare um jantar leve e coma relativamente cedo – de preferência entre 17h30 e 19 horas. Se fizer a refeição mais tarde, evidentemente a sua digestão se completará mais tarde. Ela envolve um aumento da atividade metabólica que interfere com o período necessário para "ir se acalmando" antes de dormir.

2. Faça uma caminhada curta depois do jantar, de 5 a 15 minutos. Ajuda a relaxar e a acelerar a digestão.

3. Evite atividades movimentadas ou excitantes à noite. Aproveite as horas antes de dormir para diminuir o ritmo e relaxar. Se você se agitar muito, terá dificuldade para se descontrair e dormir. Se for indispensável dedicar-se a uma atividade ou trabalhar à noite, procure parar antes das 21 horas, o mais tardar. Não se sinta obrigado a terminar todas as tarefas antes de ir para a cama. Lembre-se de que se dormir bem à noite terá mais energia, mais objetividade e maiores chances de sucesso no dia seguinte.

4. Evite ver televisão à noite. Este é um ótimo conselho para quem tem distúrbios de sono. A televisão pode trazer estímulos em demasia para a visão, para a audição e para a função mental global.

5. Comece a preparar-se para dormir 30 minutos antes de ir para a cama. Entre esses preparativos incluem-se: ler – mas não no quarto –, escovar os dentes, massagear o corpo e tomar um banho morno.

Ao repetir a mesma rotina todas as noites, o corpo irá reconhecer os padrões e as seqüências que levam ao sono tranqüilo.

6. Como é vital que você faça com que seu corpo queira dormir antes das 22 horas, comece a se levantar cada dia mais cedo, até que seu horário de despertar seja às 6 horas. Se seguir esta sugestão, o horário de acordar progressivamente mais cedo levará você, da forma mais natural possível, a ir dormir

também cada vez mais cedo. Quando o despertar às 6 horas se transformar em hábito, seu corpo vai querer ir para a cama antes das 22 horas, naturalmente – será algo irresistível. Adotar um horário constante para acordar é essencial para quem quer melhorar os padrões de sono, porque dá às atividades diárias uma regularidade fundamental.

7. Cerca de uma hora antes de dormir, tome um banho de banheira com água morna na qual deve acrescentar algumas gotas de óleos essenciais da aromaterapia, como lavanda, sândalo ou baunilha. É aconselhável também espalhar a essência pelo quarto.

8. Enquanto a banheira estiver enchendo, faça uma automassagem – ou peça a alguém para fazê-la – com óleo de gergelim ou de amêndoa. Depois da massagem, entre na banheira e permaneça no banho por 10 a 15 minutos. Diminua as luzes e ouça música suave. Voltaremos a falar da massagem e da melhor forma de fazê-la.

9. Depois do banho, beba algo morno. Uma xícara de leite com noz-moscada e mel é uma maneira excelente de estimular as substâncias químicas do cérebro que induzem ao sono. Chá de camomila ou de raiz de valeriana também é ótimo para induzir ao sono.

10. O mantra a seguir é usado há milhares de anos para induzir ao sono: "Om Agasthi Shahina". Você pode repeti-lo silenciosamente e de olhos fechados. Ele produz uma vibração em seu sistema nervoso que o fará adormecer.

    No CD que acompanha este livro há também uma meditação usando esse mantra.

## *Fins de semana*

Um dos agravantes dos problemas de sono é a quebra da rotina. Isso geralmente acontece nos fins de semana e feriados, quando as pessoas tendem a se afastar dos padrões estabelecidos durante a semana normal de trabalho.

Abra espaço para fazer exercícios
e para tirar um cochilo
no sábado e no domingo.

O modo mais seguro de vencer o problema nos fins de semana é tentar ir para a cama e despertar nos mesmos horários a que se habituou durante a semana. Se isso significa precisar do despertador, então use-o. Pode não ser muito cômodo, mas serve para ensinar o corpo a entrar em um ritmo ao qual sua fisiologia pode se acostumar. E não se esqueça de que o cochilo curto durante o dia continua sendo importante para não acumular muito cansaço.

Quanto mais você se esforçar para integrar essa rotina de sono à sua vida, mais rápido o corpo alcançará um nível de conforto consigo mesmo e se ajustará aos ciclos naturais de atividade e de repouso. Em pouco tempo você não vai mais precisar de despertador ou de qualquer outra estratégia para dizer ao seu corpo que horas são ou como ele precisa agir. É o corpo que *lhe* dirá.

### *Viagens e variações de fuso horário*

As viagens e variações de fuso horário causam problemas iguais àqueles ocasionados pelos fins de semana. São interrupções na rotina de nossas vidas, e por isso perturbam a conexão entre o período de descanso e o período de atividade do corpo. Na realidade, as pessoas que sofrem de distúrbios do sono são, em geral, vítimas de outro mal: "variação de fuso horário sem sair de casa". O que acontece é que muitos estabelecem para seus corpos horários distorcidos: comem em horários diferentes, consomem tipos variados de alimentos, vão dormir e acordam nas horas mais diversas.

As quebras em nossa rotina diária produzem
o mesmo efeito das diferenças de fuso horário
que acontecem quando viajamos para
diferentes locais.

Ao viajar, adote os seguintes procedimentos:

1. Diminua a quantidade de ingestão de alimentos (sobretudo quando estiver no avião). Coma o suficiente para se sentir confortável, mas dispense qualquer coisa que possa fazer com que se sinta pesado ou sonolento. Evite bebidas alcoólicas e beba água o tempo todo para se hidratar. As cabines de avião são pressurizadas e a umidade é baixa. Por isso é tão importante cuidar da hidratação quando estamos dentro do avião.

2. Aproveite para meditar durante o deslocamento. Como já foi dito anteriormente, a meditação permite que o corpo

readquira o equilíbrio dos cinco sentidos durante um tempo naturalmente desequilibrado (a mais de 9.000 metros do solo, em uma cabine pressurizada com um cheiro bem característico e um zunido constante e dissonante). E empenhe-se em continuar meditando depois que atingir seu destino.

3. Sempre que chegar a um novo lugar, retorne à rotina normal o mais rápido possível. Faça suas refeições nos horários prescritos e equilibre a dieta de acordo com seu tipo de corpo. Quanto ao sono, tente ao máximo adaptar-se ao novo fuso horário: vá dormir por volta das 22 horas e acorde por volta das 6 horas. Talvez seja difícil, mas mesmo que não consiga dormir é importante dizer ao próprio corpo que essas são as novas condições e rotinas a serem seguidas. Ele vai acabar se ajustando.

   Durante esse período, evite ao máximo tirar um cochilo. Quanto mais você reforçar as antigas regras e rotinas em seu corpo, mais tempo vai levar para se adaptar ao novo fuso horário. Mas não fique ansioso por causa da nova rotina ou do tempo que seu corpo vai levar para se ajustar.

Lembre-se mais uma vez: mesmo que não esteja dormindo, o fato de estar na cama já representa um valioso descanso para o seu corpo.

## Parte V

# Tipos de corpo

Cada corpo humano é uma expressão única da inteligência da natureza. Há muitos séculos, a antiga ciência hindu de saúde e vida, conhecida por *Ayurveda*, estabeleceu a conexão entre o corpo humano e o corpo cósmico. A declaração védica *"Yatha Pinde, Tatha Pinde"* significa: "Assim como é o corpo humano, assim é o corpo cósmico. Assim como é a mente humana, assim é a mente cósmica. Assim como é o microcosmo, assim é o macrocosmo." Esta máxima nos faz lembrar do princípio ayurvédico de que o corpo humano e os processos que produzem sua biologia e sua fisiologia são feitos dos mesmos elementos essenciais e energias que compõem o cosmo – matéria (terra), ar, fogo e água. O corpo e a biologia de cada ser humano são resultado da fusão desses elementos em proporções variadas.

Para descobrir qual é seu tipo de corpo e estabelecer os próprios passos para alcançar um sono reparador, você deve fazer o teste no final desta parte. Estes passos incluem instruções sobre alimentação, técnicas de meditação e outros exercícios que utilizam os cinco sentidos e levam o corpo a um estado de consciência tranqüila e o preparam para o sono.

Antes, porém, é fundamental que você entenda os diferentes elementos que compõem cada tipo de corpo.

AR

*Vata* é o termo da *Ayurveda* para "Ar". As pessoas que têm o ar ou *vata* como tipo de corpo dominante possuem em geral constituição física magra e musculosa. São muito ativas e eficientes e podem ser descritas como entusiasmadas, cheias de vida e imaginativas. Por outro lado, o estado emocional está sujeito a mudanças drásticas. Podem tornar-se distantes, indiferentes e com dificuldade para se comunicar.

As pessoas dominadas pelo elemento Ar são geralmente entusiasmadas, cheias de imaginação e emocionalmente instáveis.

Em termos médicos, as pessoas *vata* são chamadas de "hipermetabólicas". Elas metabolizam a comida de forma irregular, o que torna a digestão difícil. A pele é, em geral, seca, áspera ou fina, e os cabelos, secos, quebradiços ou crespos. Quase sempre sentem frio – pernas e braços são frios ao toque – e preferem ambientes mais aquecidos.

As pessoas *vata* têm o sono leve e são acordadas facilmente. Em geral seu sono é entrecortado, muitas vezes interrompido por sonhos agitados ou por pesadelos. Elas dormem nas horas mais estranhas, e quando suas energias estão desequilibradas a conseqüência mais comum é a insônia.

Na realidade, dos três tipos de corpo, *vata* é a energia que na maioria das vezes causa perturbações no sono, ou mesmo insônia. Quando o *vata* está desequilibrado, sua energia se reduz, fazendo com que seu corpo fique inquieto e desconfortável. A digestão, o estado emocional, o metabolismo e o sono são afetados e prejudicados.

FOGO

O termo da *Ayurveda* para "Fogo" é *pita*. As qualidades de *pita* são a perspicácia e o vigor. As pessoas dominadas pela energia *pita* geralmente têm o biótipo médio e simétrico, com músculos definidos e potentes. O peso é moderado e conseguem ganhar ou perder peso com relativa facilidade quando se dedicam a isso. São pessoas motivadas e ambiciosas, com opiniões fortes e decididas. Quando *pita* é predominante, essa mesma energia pode se transformar em rispidez. Trata-se de pessoas impacientes e muito críticas, que se irritam com facilidade e ficam frustradas – com elas mesmas e com os outros.

As pessoas dominadas pelo elemento Fogo têm geralmente personalidade viva e ardente e metabolismo acelerado.

As pessoas *pita* somatizam as emoções de formas bem evidentes: pele avermelhada e propensa a irritações, cabelo fino e com tendência a ficar ralo e grisalho.

Da mesma forma, a digestão não é fácil, podendo ser irregular, ácida e com propensão para a azia. Quase sempre as pessoas *pita* se sentem aquecidas – até quentes – mesmo em ambientes mais frios, e a pele reflete essa sensação de calor: é quente ao toque. Por isso, preferem climas mais amenos.

As pessoas *pita* dormem bem. Raramente precisam de mais de oito horas de sono para se sentirem completamente energizadas. Se têm insônia, quase sempre é por causa da alimentação ou da dificuldade de digestão (acordam com azia ou desconforto estomacal), ou por causa do estresse desencadeado por reclamações e frustrações com o que lhes aconteceu durante o dia. Estas causas trazem desconforto acentuado para o corpo, mas são relativamente fáceis de tratar com dieta apropriada e técnicas de redução do estresse, como meditação e exercícios físicos.

TERRA

O termo da *Ayurveda* para "Terra" é *kapha*. As qualidades de *kapha* são força e peso. As pessoas dominadas pela energia *kapha* geralmente têm o biótipo sólido, redondo ou atarracado. Têm tendência para ganhar peso, o que as faz brigar o tempo todo com a balança. As pessoas *kapha* costumam dizer: "Basta olhar um doce que engordo!" Seu temperamento é geralmente calmo, elas gostam de ficar em segundo plano e fazem muitos amigos em quem confiam. Quando *kapha* é predominante, essa energia pode se transformar em preguiça. As pessoas tornam-se indiferentes, com facilidade caem na solidão e ficam reclusas e retraídas.

As pessoas dominadas pelo elemento Terra
são em geral calmas e mais carinhosas.

As pessoas *kapha* metabolizam suas emoções de forma bem característica. A pele é geralmente grossa, úmida e macia; o cabelo é cheio, abundante e oleoso. A digestão é quase sempre lenta e elas se sentem pesadas depois das refeições; os corpos retêm excesso de peso e de água. A maioria das pessoas *kapha* adapta-se a todos os tipos de clima, mas geralmente não gostam de condições extremas de temperatura.

As pessoas *kapha* muito raramente sofrem de insônia. Na realidade, é mais provável que tenham problemas com excesso de sono do que com insônia. Em geral, precisam de mais de oito horas de sono para se sentirem totalmente descansadas, e muitas vezes usam o sono como muleta para não ter de lidar com coisas que preferem evitar. Sua propensão para dormir se acentua quando estão tristes ou estressadas.

## *Tipos de corpo e as horas do dia*

O horário das 6 às 10 horas e das 18 às 22 horas é conhecido como o período *kapha*, quando o corpo fica hipometabólico.

O horário das 10 às 14 horas e das 22 às 2 horas é o período *pita*, quando o corpo está muito ocupado com atividades transformadoras e desintoxicantes.

O horário das 2 às 6 horas e das 14 às 18 horas é o período *vata*, quando o corpo fica hipermetabólico.

O período noturno *kapha* é o que mais propicia um sono reparador. Por isso, o momento central do ciclo completo das 24 horas é às 22 horas. É o ponto de encontro entre os períodos *kapha* e *pita* à noite. A ciência ayurvédica recomenda que se vá dormir no momento do encontro, ou antes, porque é quando a mente e o corpo estão sob a influência *kapha*.

As características *kapha* são: torpor, peso, lentidão e estabilidade. Estas influências no ambiente estimulam o sono. Se você for para a cama depois das 22 horas, já estará sob a influência *pita*. Às 22h30, esta influência energizadora do ambiente se intensifica e aumenta o ritmo de atividade na maioria das pessoas. É por isso que muitos acham que se ficarem acordados depois das 22h30 conseguirão permanecer alertas e mentalmente ativos até tarde da noite, sem dificuldade.

Se você preferir ficar acordado até tarde, seu sono será mais leve e menos rejuvenescedor, e até mesmo este tipo de sono será difícil de alcançar. Estudos já demonstraram que o sono fica cada vez mais leve conforme a noite vai avançando.

É importante, aplicando o teste, identificar seu tipo de corpo para harmonizar-se com ele e procurar as melhores condições para abastecê-lo com as porções de energia e informação adequadas, na forma de alimentos, sons, aromas, imagens, e assim por diante.

## *Teste do tipo de corpo*

### SEÇÃO 1

Circunde a descrição que melhor identifica suas características, some quantas descrições estão marcadas em cada coluna e anote o número na parte inferior da tabela.

| Característica | AR | FOGO | TERRA |
|---|---|---|---|
| Tipo físico | Sou magro, alto e frágil, com juntas proeminentes e músculos delgados. | Sou mediano e simétrico, com bom desenvolvimento muscular. | Minha compleição é grande, bem desenvolvida ou compacta. O físico é largo, robusto ou pesado. |
| Peso | Baixo: às vezes me esqueço de comer e tenho propensão para perder peso. | Moderado: ganho ou perco peso com facilidade, se me decidir a fazê-lo. | Pesado: ganho peso facilmente e tenho dificuldade para emagrecer. |
| Olhos | São pequenos e vivos. | Tenho um olhar penetrante. | Meus olhos são grandes e alegres. |

| Característica | AR | FOGO | TERRA |
|---|---|---|---|
| TEXTURA DA PELE | Minha pele é seca, áspera ou fina. | Minha pele está quase sempre avermelhada e tem tendência a ficar irritada. | Minha pele é oleosa, úmida e macia. |
| CABELOS | Secos, quebradiços ou crespos. | Meus cabelos são finos, com propensão para ficarem ralos e grisalhos bem cedo. | Tenho cabelos grossos, abundantes e oleosos. |
| JUNTAS | Minhas juntas são finas e salientes, com tendência a estalar. | Minhas juntas são soltas e flexíveis. | Minhas juntas são grandes, firmes e robustas. |
| PADRÃO DE SONO | Tenho o sono leve, com tendência a acordar facilmente. | Em geral durmo bem, e necessito de menos de oito horas para me sentir descansado. | Meu sono é pesado e longo. Em geral, tenho dificuldade para me levantar. |
| TEMPERATURA CORPORAL | Minhas mãos e pés estão quase sempre frios. Prefiro ambientes quentes. | Normalmente, meu corpo está quente, não importa a estação do ano. Prefiro ambientes mais frescos. | Adapto-me a quase todas as temperaturas, mas não gosto de dias frios e chuvosos. |
| TEMPERAMENTO | Sou cheio de vida e entusiasmado por natureza. Gosto de mudar. | Sou intenso e decidido. Gosto de convencer. | Sou fácil de lidar e cordato. Gosto de ajudar. |
| SOB PRESSÃO... | Fico ansioso e/ou preocupado. | Fico irritado e/ou agressivo. | Bato em retirada e/ou me fecho. |
| PONTUAÇÃO | AR: | FOGO: | TERRA: |

## SEÇÃO 2

Marque de 1 a 5 (o número 5 é aquele com o qual você mais concorda) nas afirmativas abaixo e depois some os pontos de cada categoria (AR, FOGO e TERRA).

### AR

1. Tenho andado preocupado e ansioso.

   1 2 3 4 5

2. Estou tendo dificuldade para pegar no sono, ou desperto muito facilmente.

   1 2 3 4 5

3. Fico inquieto se não estou o tempo todo ocupado.

   1 2 3 4 5

4. Minha digestão é irregular; tenho muitos gases.

   1 2 3 4 5

5. Minhas fezes são duras, secas e a freqüência não é diária.

   1 2 3 4 5

6. Meus horários para fazer refeições, dormir ou acordar são muito variáveis.

   1 2 3 4 5

7. Tenho tendência a ser impulsivo.

   1 2 3 4 5

8. Em geral, esqueço as coisas bem depressa.

1 2 3 4 5

9. Tomo muitas iniciativas, mas tenho dificuldade em lhes dar seqüência.

1 2 3 4 5

10. Estou sempre preocupado com meu físico.

1 2 3 4 5

PONTUAÇÃO DO AR:

## FOGO

1. Tenho me sentido irritado ou impaciente.

1 2 3 4 5

2 Tenho tendência a ser crítico e intolerante com os erros.

1 2 3 4 5

3. Tenho a sensação de que minha pele está quente e irritada, ou que racha facilmente.

1 2 3 4 5

4. Sinto acidez estomacal ou azia.

1 2 3 4 5

5. Tenho tendência a ser compulsivo e encontro dificuldade em parar depois que começo um projeto.

   1 2 3 4 5

6. Fico facilmente frustrado com a incompetência dos outros.

   1 2 3 4 5

7. Embora goste de comida condimentada, em geral ela não me faz bem.

   1 2 3 4 5

8. Tenho opiniões fortes e tendência a expressar meus pontos de vista mesmo quando não me solicitam.

   1 2 3 4 5

9. Sempre tenho a sensação de estar com calor ou com um pouco de febre.

   1 2 3 4 5

10. Se me provocarem, posso ser sarcástico ou mordaz.

    1 2 3 4 5

PONTUAÇÃO DO FOGO: 36

## TERRA

1. Estou geralmente acima do peso e tenho dificuldade para perder os quilos extras.

   1 2 3 4 5

2. Minha digestão é lenta e sinto-me pesado depois de comer.

   1 2 3 4 5

3. Normalmente tenho congestão nasal ou muco excessivo nas vias respiratórias.

   1 2 3 4 5

4. Tenho dificuldade para sair de um relacionamento, mesmo quando não está mais dando certo.

   1 2 3 4 5

5. Em geral, uso a omissão para me livrar dos conflitos.

   1 2 3 4 5

6. Guardo muitos objetos que não têm utilidade alguma.

   1 2 3 4 5

7. Tenho dificuldade em sair da cama de manhã.

   1 2 3 4 5

8. Gosto de manter uma rotina e resisto a mudar o ritmo de vida.

   1 2 3 4 5

9. Se puder escolher, prefiro olhar a participar de atividades físicas.

   1 2 3 4 5

10. Na maioria das vezes, sinto-me pesado e sonolento após as refeições.

   1 2 3 4 5

PONTUAÇÃO DA TERRA:

| Total para a Seção 1: | AR: | FOGO: | TERRA: |
|---|---|---|---|
| Total para a Seção 2: | AR: | FOGO: | TERRA: |

Vamos entender os resultados:

A pontuação da Seção 1 representa uma classificação geral do seu tipo de corpo físico.

A pontuação da Seção 2 leva em consideração a conexão entre mente e corpo e as qualidades (AR, FOGO e TERRA) que definem sua personalidade.

Observe suas pontuações nas duas seções. Com certeza você chegou a uma pontuação maior em um dos três tipos de corpo. Todos nós recebemos um pouco de cada elemento ao nascer.

O que possibilita descrever os tipos puros AR, FOGO e TERRA é que eles têm muito de uma das características – são extremos. Entretanto, não é isso o que acontece com a maioria das pessoas. Quase todas reúnem dois tipos, com um dos elementos predominando, mas sem extremos.

Se um dos elementos for muito mais elevado do que os outros, então você é um tipo de corpo único. O mais indicativo é uma pontuação em que o principal elemento é o dobro do segundo (por exemplo: AR: 15; FOGO: 30; TERRA: 15); mas margens menores também contam.

O segundo elemento com maior pontuação ainda mostra alguma influência sobre suas tendências naturais, mas num grau bem menor.

Se nenhum dos elementos for extremamente dominante, você tem qualidades dos dois elementos mais importantes, seja ao mesmo tempo, seja alternadamente. O mais alto vem em primeiro lugar no seu tipo de corpo, mas os dois são importantes. A maioria das pessoas é assim.

# Parte VI

# O sono e os cinco sentidos

A busca do equilíbrio corporal através dos cinco sentidos é um modo extremamente poderoso de a pessoa se manter num estado de vigília tranqüilo. Este equilíbrio também propiciará um profundo repouso como conseqüência do sono que virá naturalmente.

Pelos sentidos, o nosso corpo absorve energia e informação que metabolizamos e que passam a fazer parte de nós – física, emocional e mentalmente. Por isso, o segredo para manter o corpo e as várias energias – *vata, pita* e *kapha* – em equilíbrio é evitar estimular excessivamente os sentidos.

Tudo o que você toca, prova, vê, cheira e<br>ouve é metabolizado em seu corpo físico,<br>mental e emocional.

Como já dissemos, a *Ayurveda* prescreve técnicas específicas que se aplicam aos cinco sentidos e que, quando integradas, criam um equilíbrio interno e preparam para o sono. Elas deveriam ser observadas ao longo do dia e, mais especificamente, antes de ir para a cama.

### *Visão*

O córtex visual é um reator altamente sensível. Nosso sistema nervoso reage intensamente a todas as coisas que vemos. Por isso é importante prestarmos especial atenção aos estímulos visuais antes de irmos para a cama. Em geral, esses estímulos se dividem em duas categorias: as atividades com que nos ocupamos logo antes de dormir e o ambiente onde dormimos.

Nos dias de hoje, mais do que em qualquer outra época da história da civilização, há gatilhos – sobretudo eletrônicos – que estimulam especificamente o córtex visual. Televisão, internet, e-mails, jogos eletrônicos e leitura são algumas das várias atividades a que muitas pessoas se dedicam antes de dormir. No entanto, é melhor privar-se delas ao máximo. Se não houver jeito, evite toda comunicação com muita ação ou violência. Esses estímulos são capazes de causar um excessivo efeito fisiológico no corpo. A pessoa pode acabar com dificuldade para adormecer, além de ter o sono entrecortado por sonhos e pesadelos inquietantes e altamente movimentados.

Crie uma atmosfera visual agradável e tranqüila
em seu quarto e evite assistir à televisão
antes de dormir.

Repito: se você acabar cedendo ao desejo de praticar algumas dessas atividades antes de dormir, tente escolher programas e/ou materiais mais tranqüilos e que ajudem a relaxar. Será uma forma de acalmar o corpo e sua fisiologia, preparando-o para uma boa noite de sono.

Muitas pessoas se entregam a essas atividades (leitura, televisão e assim por diante) quando estão na cama. Como resultado, o quarto se torna um paraíso de movimento e estímulo, comprometendo o repouso e a redução das tensões. Certamente não é o tipo de ambiente propício ao sono. Sabemos que o modo como o quarto e a cama são arrumados produz acentuados efeitos nos padrões de sono.

A melhor maneira de arrumar o quarto é torná-lo visualmente agradável, dotando-o de elementos que contribuam para o relaxamento. Use cores naturais e favoráveis, como os azuis e os castanhos. As cores provocam efeitos psicológicos na mente e no corpo. Elas podem ser usadas para criar um ambiente estimulante ou relaxante.

VERMELHO: estimulante

VERDE: refrescante

AZUL: calmante

AMARELO: desintoxicante

LARANJA: aumenta a energia sexual

VIOLETA E ÍNDIGO: aumentam a energia espiritual

Prefira ter ao seu redor objetos que acalmem os olhos e as emoções. Mantenha o quarto limpo e fresco, a cama bem-arrumada. Você se surpreenderá com os resultados.

VISUALIZAÇÃO

Uma forma de usar o sentido da visão para facilitar o sono tranqüilo é por meio da visualização. A ciência ayurvédica recomenda visualizar determinadas cores ao focalizar sua atenção em cada um dos chacras ou centros de acumulação de energia do corpo. Há sete chacras que trabalham do alto da cabeça até a base do corpo. Cada chacra tem correlação com determinadas funções do corpo, vibrações, níveis de consciência e muito mais. São portais de passagem para a fisiologia do corpo e da alma.

As cores são usadas para ativar esses pontos e estimular determinadas reações fisiológicas e metabólicas. Observe esta tabela, concentrando sua energia nas respectivas áreas do corpo e visualize ao mesmo tempo a cor correspondente.

| | | |
|---|---|---|
| *1.º Chacra* | Base do corpo | Vermelho |
| *2.º Chacra* | Genitália | Laranja |
| *3.º Chacra* | Estômago | Amarelo |
| *4.º Chacra* | Coração | Verde |
| *5.º Chacra* | Garganta | Azul |
| *6.º Chacra* | Terceiro olho | Índigo |
| *7.º Chacra* | Coroa | Violeta |

Os exercícios de visualização são especialmente valiosos para pessoas com metabolismo acelerado e para as que sofrem de insônia ou sono entrecortado. A visualização pode ajudar a atenuar a hiperatividade e a criar um estado de consciência mais calmo.

## *Olfato*

De todos os sentidos, o olfato é certamente aquele que mais influência exerce nas reações corporais. Atuando praticamente no plano do subconsciente, os odores ativam recordações e influenciam a fisiologia do corpo, assim como muitas das funções do sistema nervoso independente. O sentido do olfato é regulado pelos bulbos olfativos que são extensões do hipotálamo – freqüentemente chamado de "o cérebro do cérebro". O hipotálamo regula as sensações, tais como as batidas do coração, pressão arterial, sede, apetite, emoções e, talvez o mais importante, os ciclos do sono e da vigília.

A rigor, todos esses elementos são interconectados quando se trata do sono. Se há uma forte distorção, como arritmia, hipertensão, indigestão ou instabilidade emocional, a conseqüência mais comum é a insônia ou o sono agitado. O fato de podermos coordenar todos esses elementos tendo como referência um dos sentidos – o olfato – nos obriga a dedicar-lhe uma atenção particular, a fim de garantir um bom sono.

O hipotálamo reage aos hormônios chamados *feromônios*. Os feromônios são transmitidos pelo ar, em forma de odores. Nossa produção de feromônio é regulada pelas emoções. Quando estamos tensos, liberamos feromônios que emitem uma mensagem de ansiedade. Quando estamos descontraídos, eles transmitem descontração. O segredo, então, é aromatizar o ambiente onde dormimos com perfumes que ajudem a relaxar e que ativem a produção dos feromônios que levam nosso corpo a um estado de profundo repouso. A natureza está cheia desses cheiros orgânicos, e a maioria deles foi capturada por alguma forma da aromaterapia.

O uso de óleos da aromaterapia, antes de ir para a cama, ajuda a relaxar e estimula os feromônios do sono.

Você deve procurar os odores tranqüilizadores *vata*, como lavanda, laranja, rosa, jasmim, cravo-da-índia, manjericão e outras especiarias. Espalhe esses perfumes no ar e aplique uma ou duas gotinhas de óleo aromatizado na testa ou na têmpora.

## *Audição*

As tradições orientais nos informam que o corpo humano – e tudo o que foi criado – é composto de sons primordiais: antigos ritmos orgânicos, freqüências e vibrações que moldam tudo o que vive. Os campos de energia daí resultantes se expressam pela nossa fisiologia. Explicando de outra maneira: todas as células do corpo vibram em uma determinada freqüência, emitindo um som. Coração, fígado, rins e glândulas têm sons distintos. O resultado do conjunto desses sons é como o de uma sinfonia executada por uma orquestra. A afinação e a coesão dessa sinfonia interna influenciam – e muito – o corpo, esteja ele em estado de vigília ou de repouso.

A ruptura da harmonia é indício de que a fisiologia não está totalmente em sintonia – há uma infecção ou um desequilíbrio no corpo. Na tradição oriental da *Ayurveda*, o som pode ser usado tanto para reparar o desequilíbrio fisiológico quanto para perturbá-lo, resultando em insônia. O primeiro passo, então, é evitar sons dissonantes e estridentes que superestimulem o corpo e suas funções internas. Estudos demonstraram que as plantas reagem e crescem com menos vigor quando são expostas a música estridente e alta; o inverso acontece caso tenham contato com sons suaves e amenos, como os de uma sinfonia. Supõe-se que os mesmos resultados sejam produzidos no corpo humano.

Sons suaves ou sons da natureza
ajudam você a adormecer.

A terapia do som usa a música e os sons para levar o corpo humano a entrar em alinhamento com o corpo cósmico. A lógica é simples e retorna à premissa original: quando os ritmos internos do corpo humano estão em sincronia com os ritmos circadianos da natureza, o resultado natural é um sono tranqüilo, sem qualquer esforço. Se os dois corpos não estiverem em alinhamento, o sono será difícil e cheio de interrupções.

O uso da música é um dos modos mais eficazes para fazer coincidir e harmonizar esses ritmos. O resultado é uma transição fácil do estado de vigília para um estado mais sonolento. Se às vezes, embora estando com sono, você se sente inquieto, ou se acorda de madrugada, pode manter os sons ligados a noite inteira.

O resultado se dá no plano do subconsciente. Se as emoções estão à flor da pele e são fonte de ansiedade e de insônia, elas irão aos poucos diminuindo, permitindo que sua mente relaxe – e, conseqüentemente, também o seu corpo. Os sons tanto podem ser os primordiais (das ondas ou do vento sacudindo as árvores) como música clássica ou tradicional.

## *Tato*

Pesquisas atuais revelaram que a pele humana é uma das maiores fontes farmacêuticas que se conhecem. Na verdade, com exceção da área do trato gastrintestinal, a pele é o órgão mais rico em substâncias curativas. A inteligência do corpo distribui muitas dessas substâncias químicas nas doses e nos momentos exatos, mantendo a pessoa saudável e equilibrada. A doença se instala quando o corpo sai do equilíbrio.

A melhor maneira de ativar a pele é praticar a estimulação tátil – a palavra clínica para o toque.

O toque e a massagem são as melhores formas de ajustar o sistema nervoso central, porque a epiderme contém milhares de nervos cutâneos que reagem diretamente a eles.

A *Ayurveda* recomenda uma massagem diária com óleo de gergelim. Este óleo acalma e relaxa a pele. A sua ação externa ativa uma reação fisiológica semelhante. De acordo com os princípios da *Ayurveda*, você deveria se massagear todas as manhãs, antes de tomar banho. Se sofrer de insônia aguda, recomenda-se que faça essa massagem também à noite.

Suave e uniformemente, massageie toda a superfície da pele. Faça movimentos circulares sobre as áreas arredondadas, e ao comprido nas áreas alongadas. Use pressão moderada por quase todo o corpo, com exceção do coração e do abdome, onde a pressão deve ser bem suave.

Comece a massagem pela cabeça, passando para o rosto e as orelhas, e depois para o pescoço e a coluna cervical. Massageie vigorosamente os braços, concentrando-se nos ombros e cotovelos. A seguir, o tórax e o estômago, fazendo movimentos circulares ao redor do coração e do abdome. Massageie as costas e a coluna e, em seguida, faça movimentos longos e vigorosos nas coxas e panturrilhas. Com movimentos circulares, faça massagem nos quadris, joelhos e tornozelos. Finalmente, a planta dos pés, concentrando-se na sola. Se seu tipo de corpo for *pita*, use óleo de coco para os pés. Depois de alguns minutos, esfregue as solas dos pés com um pano umedecido, e está terminado.

A massagem *pode* e, se possível, *deve* ser feita por um parceiro que usará as mesmas técnicas. O uso das duas mãos exercendo uma sólida pressão transfere energia que pode ser muito útil para ajudar o corpo a alcançar um estágio de relaxamento. É claro que os parceiros precisam estar em harmonia um com o outro. Ao aplicar a massagem e o toque, muitas vezes a pessoa abastece seus sentidos e percebe que eles se aprimoram em contato com a própria energia.

## *Paladar*

Os alimentos que ingerimos têm um efeito poderoso na determinação do nível de atividade a que o corpo está sendo submetido em um dado momento. Portanto, quando se trata de reduzir a velocidade dos processos do corpo e prepará-lo para o repouso, é imprescindível moderar a ingestão de alimentos e selecionar o que comemos com todo o cuidado.

O paladar e o tipo de comida são muito influenciados pelo tipo de corpo da pessoa. O que pode ser apropriado para alguém *vata* pode não funcionar para uma pessoa *pita*. Alimento é energia e informação. A forma como essas energias e informações são metabolizadas pode criar hiperatividade nervosa e/ou problemas digestivos que impedem um sono tranqüilo. As regras que se aplicam nessas circunstâncias são bem simples: evite estimulantes como a cafeína e a nicotina e, inversamente, substâncias sedativas, como bebidas alcoólicas. Essas substâncias são capazes de produzir um efeito fortíssimo no metabolismo interno – e na sua saúde como um todo, criando distúrbios de sono significativos.

O tipo de alimento que comemos assim como
a hora em que nos alimentamos afetam de
forma radical a qualidade do sono.

ALIMENTAÇÃO SAUDÁVEL

Vamos agora dar-lhe orientações para uma alimentação saudável que promova a energia e o equilíbrio do corpo e garanta, assim, um sono reparador.

Durante as refeições, inclua todos os *seis sabores:*

DOCE – sabor agradável, facilita a assimilação pelo organismo: açúcar, mel, arroz, leite, pão de trigo.

AZEDO – promove acidez imediata e contribui para a formação de saliva: limão, queijo, iogurte, tomate, uva, vinagre.

SALGADO – salienta o sabor do alimento: sal e todos os tipos de alimentos salgados.

Amargo – sabor penetrante e áspero que ajuda nas combinações dos alimentos: pepino amargo, água tônica; verduras como a chicória, o agrião e a rúcula.

Adstringente – estimula constrições e movimentos de mistura dos alimentos: feijões, lentilha, maçã, pêra, batata, repolho, brócolis, couve-flor.

Picante – excita mucosas e provoca o apetite: pimenta-caiena, pimentões, cebola, alho, gengibre e comidas condimentadas em geral.

*Laticínios*

Tome leite morno com uma colher de chá de mel antes de dormir. O leite estimula os neuropeptídios que induzem ao sono. Se estiver em controle de peso, opte por leite desnatado com adoçante.

Leite morno com uma pitada de noz-moscada ralada ou moída também favorece o sono. Evite tomar leite às refeições.

*Adoçantes*

Evite açúcares concentrados e cafeína.

Ao ingerir açúcar refinado ou cafeína, contrabalance os efeitos desses elementos com alimentos básicos que devem estar em maior quantidade.

Substitua o açúcar refinado pelo açúcar mascavo, ou mel, ou melado (cristal), sempre que possível. Se estiver em controle de peso, opte por adoçante.

*Óleos*

Todos os óleos, de preferência os vegetais, podem funcionar muito bem para reduzir a ansiedade, a agitação e o nervosismo antes de dormir. A ingestão de uma colher de chá evita o desconforto digestivo.

O azeite de oliva é altamente recomendável.

*Frutas*

Frutas doces, azedas e mais saciáveis (laranja, banana, pêssego, melão, morango, ameixa) propiciam um bom descanso.

Diminua o consumo de frutas adstringentes ou menos saciáveis como maçã, pêra, romã e amora. Por serem rapidamente digeridas, podem fazer você acordar precocemente com fome.

*Vegetais*

Ingira somente vegetais cozidos, evite os crus, que produzem mais movimentos intestinais.

Temperá-los com óleo vegetal os torna mais digestivos. Outros temperos devem ser usados com moderação.

Ervilha, beterraba, cenoura e batata-doce são propícias ao sono.

*Grãos*

Arroz e trigo são facilmente digeridos. Por outro lado, cevada, milho, painço, fagópiro, centeio e aveia podem prejudicar o sono.

*Condimentos*

Aromas de frutas e flores como rosa, jasmim e lavanda são indutores do sono.

Temperos picantes como raiz-forte, pimenta-caiena ou cebola são estimulantes e devem ser evitados à noite.

*Nozes*

Não sendo consumidos em excesso, todos os tipos de nozes sem sal são bons.

*Leguminosas*

Reduza a ingestão de todas as leguminosas, à exceção de tofu (queijo de soja).

*Carnes e peixes*

Galinha caipira, peru e peixe em geral são ótimos para o sono, desde que sem pele. As carnes brancas são digeridas mais facilmente.

*Ervas usadas em geral para chás*

As ervas que ajudam a equilibrar a fisiologia do corpo, favorecendo o sono, são:

> *Valeriana:* muito usada por suas propriedades sedativas e hipnóticas em pacientes com insônia.
>
> *Jatamansi:* cria uma energia refrescante e ajuda na digestão.
>
> *Ashwagandha:* acalma os nervos e ajuda a repousar.
>
> *Shakhanalpushpi:* fortalece o sistema nervoso e tranqüiliza a mente.

*Brahmi:* apazigua os elementos de FOGO e AR.

*Tagara:* ajuda a equilibrar o AR no sistema nervoso.

*Noz-moscada:* cura os problemas com os nervos. Usada para temperar carnes e legumes.

Se seu tipo de corpo for dominado por AR:
Coma alimentos doces, azedos e salgados.

Se seu tipo de corpo for dominado por FOGO:
Coma alimentos doces, amargos e adstringentes.

Se seu tipo de corpo for dominado por TERRA:
Coma alimentos picantes, amargos e adstringentes.

Parte VII

# Removendo os elementos tóxicos

Podem ser causas de insônia os seguintes fatores ou situações: estudantes preocupados com as provas; empregados que trabalham no turno da noite; depressão; viagens freqüentes; estresse motivado por várias causas; dores crônicas de qualquer espécie; uso contínuo de remédios, inclusive tranqüilizantes e comprimidos para dormir, por mais paradoxal que possa parecer; bebidas alcoólicas; peso acima do normal. Se o problema básico não for corrigido, a insônia dificilmente será curada.

Entre as toxinas físicas estão o cigarro, o álcool em excesso, o açúcar refinado e as drogas de uso social, além dos alimentos enlatados e aqueles que contêm conservantes.

Caso seu sono seja entrecortado ou você tenha dificuldade para adormecer, evite álcool e cafeína, sobretudo à noite. A nicotina também perturba o sono. Exercite-se regularmente, mas não muito tarde da noite. Siga uma rotina e tente ir para a cama antes das 22 horas. Cuide para que a temperatura do quarto seja adequada e que não esteja nem quente nem frio demais. Só use a cama para dormir ou fazer sexo, e nada mais. Ler na cama, ver televisão ou mexer com papelada faz com que o cérebro associe essas atividades à cama e ao ambiente do quarto, o que pode resultar em insônia.

Entre as toxinas emocionais estão a raiva,
a hostilidade, o medo, a culpa e a depressão.

### *Livrando-se das toxinas emocionais*

Siga os passos abaixo para liberar as toxinas emocionais:

1. Assuma a responsabilidade por suas emoções, em vez de colocar a culpa nos outros.

2. Testemunhe suas próprias emoções concentrando-se nas sensações que elas acarretam em seu corpo.

3. Dê nomes às suas emoções para saber exatamente quais são – raiva, hostilidade, medo, culpa, depressão. Evite expressões que signifiquem autopiedade: "maltratado", "abandonado", "ofendido".

4. Mantenha um diário para relatar suas emoções.

5. Compartilhe suas emoções com os entes queridos.

6. Libere suas emoções por meio de um ritual.

7. Comemore e siga em frente.

8. Lembre-se de que as emoções tóxicas são geradas quando uma necessidade essencial do ser humano não está sendo satisfeita.

9. Identifique qual é a necessidade fundamental que não está sendo satisfeita – segurança, realização pessoal, amor, desejo de pertencer, auto-estima, criatividade, espiritualidade.

10. Determine a melhor maneira de satisfazer essa necessidade.

Já tratamos de muitos desses pontos. O conceito principal é o seguinte: a maioria dos distúrbios do sono é conseqüência de desequilíbrio em algum setor de sua vida. Remova os elementos tóxicos, sejam eles substâncias que ingere (remédios, alimentos, e assim por diante), sejam os relacionamentos ou outras fontes de tensão, e você terá encontrado uma maneira fácil e eficaz de fazer com que o sono se transforme numa experiência agradável.

## Parte VIII

# Sonhos

Somos compostos por três corpos:

1. *O corpo físico*, constituído de energia e matéria.
2. *O corpo sutil*, constituído de mente, intelecto e ego.
3. *O corpo causal*, constituído por nossa alma, a alma coletiva e o Espírito universal.

De acordo com a *Ayurveda*, duas das mais importantes funções do sonho são desintoxicar e purificar o corpo sutil. Os sonhos liberam a tensão e o estresse do corpo sutil. Quando são suprimidos por sedativos e tranqüilizantes, ou por altas doses de bebidas alcoólicas, o corpo sutil não consegue liberar a toxicidade emocional e o estresse, o que acarreta, depois de algum tempo, desordens psicológicas e físicas. Portanto, embora os comprimidos para dormir, os sedativos e o álcool possam induzir a pessoa a um estado de torpor artificial, eles são, em última análise, prejudiciais à saúde.

Para além do estado do sonho fica o estado de sono profundo e sem sonhos, durante o qual nos conectamos com o corpo causal: nossa alma, a alma coletiva e o domínio universal da consciência. É por isso que dormir e sonhar são funções da maior importância.

Dormir e sonhar nos renovam, nos revigoram e rejuvenescem, além de nos manter psicológica, emocional e espiritualmente em equilíbrio.

Os sonhos também exprimem, por meio de símbolos, o que está acontecendo em áreas não localizadas da nossa consciência, onde tudo é conectado a tudo, e onde espaço, tempo, energia e informação constituem uma unidade. Sonhos e sono conectam a mente subconsciente ao mundo exterior dos relacionamentos, eventos, situações e circunstâncias.

Por milhares de anos, as tradições da sabedoria reconheceram que os sonhos tanto podem ser proféticos quanto nos dar acesso ao passado individual e coletivo. Através dos sonhos, recebemos compreensão, inspiração, imaginação, intuição, criatividade, explicação e propósito. Por isso é importante manter um diário para registrar os seus sonhos. Ele vai ajudá-lo a estabelecer intimidade com essa parte mais poderosa da sua consciência.

Os procedimentos para manter um diário de sonhos são muito simples:

- Ao acordar, procure lembrar-se do sonho.
- Anote os primeiros símbolos, sejam palavras ou imagens, conforme apareçam na sua mente.
- Peça ao Espírito para guiá-lo com compreensão e inspiração adicionais e para apresentá-lo a situações que respondam às suas dúvidas. Deixe que seu sono e seus sonhos tragam soluções criativas às desafiadoras situações da sua vida.

Para ajudá-lo, apresentamos a seguir um modelo de uma página do diário de sonhos.

MEU SONHO

CENÁRIO DO SONHO

Que as respostas apareçam para mim em outro sonho, como um lampejo de inspiração, um encontro inesperado ou um novo relacionamento.

PEÇO E ESPERO ACONTECER.

PARTE IX

# Pensamentos finais

Dormir bem é conseqüência de uma vida plena e em paz com a própria consciência. De vez em quando, faça-se as seguintes perguntas sobre as questões essenciais da vida:

- *Qual é o propósito de minha presença no mundo?*
- *O que me traz felicidade?*
- *O que posso fazer para me sentir realizado no trabalho?*
- *Como posso cultivar melhor os relacionamentos?*
- *Será que estou mantendo o equilíbrio em meu corpo?*
- *Estou apreciando a beleza que existe no mundo?*
- *Tenho agradecido pelos amigos maravilhosos que tenho e por tudo de bom que existe em minha vida?*
- *Será que eu poderia estar mais consciente do presente?*

Ao concentrar-se nessas perguntas, você estará permitindo que as respostas cheguem à tona, vindas do domínio mais profundo da consciência, que é a alma. O melhor sinal de que você leva uma vida alegre e realizada é o fato de dormir bem e acordar se sentindo renovado, revigorado e criativo.

# Sobre o Autor

Deepak Chopra é autor de mais de 40 livros e mais de 100 títulos em áudio, vídeo e CD-ROM. Tem suas obras publicadas em todos os continentes e em dúzias de idiomas. Deepak também é diretor e fundador do Centro de Bem-Estar Chopra, com sede em Carlsbad, na Califórnia.

Deepak revolucionou a sabedoria tradicional sobre a fundamental conexão entre corpo, mente, espírito e cura. A missão de "fazer a ponte entre os milagres tecnológicos do Ocidente e a sabedoria oriental" permanece como sua grande força propulsora e contribui para que ele seja reconhecido como um dos maiores representantes da Índia no Ocidente.


Informações sobre os próximos lançamentos

Para receber informações sobre os lançamentos da
Editora Sextante, basta enviar um e-mail para
atendimento@esextante.com.br ou cadastrar-se diretamente
no site www.sextante.com.br

Para saber mais sobre nossos títulos e autores e enviar seus comentários
sobre este livro, visite o nosso site: www.sextante.com.br

Editora Sextante
Rua Voluntários da Pátria, 45 / 1.404 – Botafogo
Rio de Janeiro – RJ – 22270-000 – Brasil
Telefone: (21) 2286-9944 – Fax: (21) 2286-9244
E-mail: atendimento@esextante.com.br